EL ARTE DE LA SERENIDAD

CÓMO EL ESTOICISMO PUEDE ENSEÑARTE A DOMINAR EL ENOJO Y ALCANZAR LA CALMA INTERIOR

ESTOICO

CONTENIDO

EL ORIGEN DEL ENOJO: ENTENDIENDO SUS RAÍCES FILOSÓFICAS Y PSICOLÓGICAS

El enojo es un fuego que consume, no solo a quien lo recibe, sino también a quien lo porta. Imagina un hombre que sujeta en su mano una brasa ardiente con la intención de lanzarla; antes de tocar a su enemigo, su propia carne arde. El enojo es ese fuego. Pero ¿de dónde nace? ¿Por qué se enciende tan rápidamente en nuestro pecho? ¿Es acaso una respuesta innata o una construcción de nuestras expectativas? ¿Nos pertenece por naturaleza, o es una cadena que hemos decidido llevar, sin saberlo, a lo largo de nuestra vida?

Para los estoicos, comprender el origen del enojo es el primer paso hacia su dominio. No se puede apaciguar un fuego si no conocemos su combustible. Epicteto nos dice: *"No son las cosas las que nos perturban, sino nuestras opiniones sobre ellas"*. Entonces, el enojo no surge de los actos de los demás, sino de cómo los interpretamos. Como un reflejo en un espejo distorsionado, el enojo siempre se origina dentro de nosotros mismos. En este reconocimiento se esconde un profundo poder: si el enojo nace en nuestro interior, también podemos extinguirlo allí.

Pero ¿por qué se siente tan real, tan intenso, tan incontrolable? Porque el enojo es el resultado de la colisión entre la realidad y nuestras expectativas. Queremos que el mundo actúe conforme a nuestras reglas, y cuando no lo hace, sentimos una especie de traición. Sin embargo, ¿es justo esperar que el mundo sea como deseamos? ¿Es justo esperar que otros piensen, actúen o respondan como nosotros lo haríamos? La sabiduría estoica nos recuerda que estas expectativas no solo son irracionales, sino que también son la verdadera causa de nuestra angustia.

¿Qué alimenta el enojo?

Primero, la frustración: cuando la realidad no coincide con nuestras expectativas. Si un amigo nos traiciona, la traición no es más que un acto. Lo que nos quema es la idea de que *no debería haber sucedido*. Pero ¿quién nos prometió que el mundo funcionaría según nuestras reglas? Aquí radica la primera lección estoica: la vida es indiferente a nuestras exigencias. El universo no conspira contra nosotros, simplemente existe. Esto no significa resignación, sino aceptación. Como enseña Marco Aurelio: *"La naturaleza no hace nada malo; solo actúa según su curso"*.

Imaginemos un jardín devastado por una tormenta. El jardinero puede maldecir el cielo o puede ponerse de pie y plantar de nuevo. ¿Dónde reside su poder? En la decisión de actuar sin dejarse consumir por la furia. La frustración es inevitable; vivir en ella, opcional.

Segundo, el orgullo herido. Nos enojamos porque nuestro ego, ese tirano silencioso, ha sido atacado. Nos han ignorado, despreciado o desafiado. Marco Aurelio escribió: *"Una persona no puede ofenderte a menos que tú elijas sentirte ofendido"*. La ofensa es un acuerdo: alguien lanza el dardo y nosotros, voluntariamente, permitimos que nos atraviese. Piensa en cuántas veces hemos entregado nuestro poder a palabras vacías. En realidad, el dardo no existe fuera de nuestra mente.

Hay un poder inmenso en este simple hecho: si nosotros lo permitimos, podemos elegir no ser heridos. Podemos ser como la roca firme que las olas golpean sin descanso, y que, sin embargo, permanece imperturbable.

El dilema del enojo

El enojo promete fuerza, pero entrega debilidad. Nos dice que seremos poderosos, que recuperaremos el control, pero lo único que logra es esclavizarnos a nuestras emociones. Cuando nos enojamos, dejamos de gobernarnos. Como enseñó Séneca, *"Nada muestra mayor debilidad que la ira"*. El fuego del enojo quema la casa que pretendemos proteger.

Considera esto: una palabra dicha con furia puede destruir relaciones cultivadas durante años. Un gesto impulsivo puede costar una vida entera de respeto. ¿Qué ganamos al perder el control? Reflexiona profundamente sobre esta pregunta y respóndete con honestidad.

La próxima vez que sientas el enojo subir como una marea, observa su proceso. Identifícalo como lo haría un científico: *¿Por qué estoy reaccionando así? ¿Qué me afecta?* La simple observación crea espacio. Y en ese espacio, eliges tu respuesta.

La naturaleza del enojo y su superación

Los estoicos entendieron que somos animales racionales. Tenemos impulsos primitivos, pero también poseemos una mente capaz de trascenderlos. Imagina a un soldado en medio del caos de una batalla. Si reacciona sin pensar, será víctima de sus impulsos y de sus enemigos. Pero si observa, si controla su mente y su cuerpo, actuará con la calma y la estrategia de un verdadero líder. Así también es el enojo: una batalla interna que puede vencerse con la razón.

Epicteto nos recuerda: *"Lo que perturba al hombre no son las cosas, sino la opinión que tiene de ellas"*. Las circunstancias son neutras; somos nosotros quienes les damos peso. Aquí, pues, está la clave: en vez de querer cambiar el mundo, cambiemos nuestra perspectiva.

El espejo de la frustración

Imagina un hombre que grita al mar, enfurecido porque las olas no cesan. Cuanto más grita, más insignificante parece su voz. Y tú, ¿cuántas veces has gritado contra las circunstancias como si el universo pudiera escucharte? La tormenta sigue su curso; el enojo solo agrava la situación. La sabiduría estoica nos enseña que no podemos controlar las olas, pero podemos aprender a navegar. Podemos ajustarnos al curso de la vida sin perder nuestro centro.

Ejercicio estoico: Escríbelo y libéralo

Cuando sientas el enojo crecer en ti, siéntate y escribe. Describe por qué estás enojado. Escribe cada razón, con honestidad brutal. Luego, lee tus palabras y pregúntate: *¿Es esto realmente importante?*

¿Depende de mí? Si la respuesta es no, libérate. Rompe el papel o quémalo. Simbólicamente, entrega ese fuego al viento.

Reflexión final del capítulo

El origen del enojo es simple: una expectativa rota, un ego herido, una mente que olvida su poder. Los estoicos nos enseñan que no podemos controlar el viento, pero podemos ajustar nuestras velas. No podemos evitar que otros actúen, pero podemos elegir cómo respondemos.

La próxima vez que el enojo intente dominarte, recuérdalo: él no tiene poder sobre ti a menos que tú se lo entregues. La verdadera fortaleza no radica en la furia, sino en la calma imperturbable.

Como dijo Epicteto: *"La calma no depende de las circunstancias, sino de la voluntad del alma"*. La serenidad no es un regalo del mundo exterior; es una conquista personal.

Enfréntate a ti mismo y pregunta: *¿Quiero ser esclavo de mi enojo o quiero gobernarme con sabiduría?* La respuesta te devolverá el poder que creías perdido. Y en ese poder, hallarás la libertad.

Meditaciones

Meditación 1: El fuego del enojo

Siéntate en silencio y respira profundamente. Imagina una brasa ardiente en tu mano. Siente su calor, su intensidad. Reconoce que esta brasa representa tu enojo. Pregúntate: ¿Por qué la sostienes? Reflexiona sobre la idea de que, al sostenerla, eres tú quien se quema. Visualiza cómo, lentamente, sueltas la brasa y permites que se enfríe en el suelo. Respira profundamente y siente la calma regresar a tu cuerpo. Repite para ti mismo: "No son las cosas las que me perturban, sino mi opinión sobre ellas".

Meditación 2: Expectativas y realidad

Cierra los ojos y recuerda una situación reciente en la que te sentiste enojado. Observa cómo tus expectativas chocaron con la realidad. Pregúntate: ¿Era justo esperar que el mundo actuara conforme a mi voluntad? Reflexiona en silencio sobre esta verdad: el universo no conspira contra ti, simplemente existe. Visualiza tu enojo disolviéndose, como nubes dispersándose en el cielo. Repite para ti mismo: "La vida no se ajusta a mis exigencias, pero yo puedo ajustarme a la vida".

Meditación 3: El poder del orgullo herido

Imagina que estás de pie frente al mar, gritando para que las olas se detengan. Observa cómo las olas continúan su curso, indiferentes a tu voz. Reflexiona: ¿Cuántas veces has permitido que tu ego te domine, entregando tu poder a palabras vacías? Visualiza tu ego como una roca que puedes soltar. Con cada exhalación, suelta un poco más de esa carga. Repite para ti mismo: "Nadie puede ofenderme si yo elijo no sentirme ofendido".

Meditación 4: La calma en la tormenta

Visualiza una tormenta furiosa a tu alrededor: el viento sopla, la lluvia cae, pero tú estás firme como una roca. Siente el caos exterior, pero mantén tu interior en calma. Reflexiona: el enojo promete fuerza, pero entrega debilidad. Con cada respiración, ancla tu mente en esta verdad. Repite para ti mismo: "No puedo controlar las olas, pero puedo aprender a navegar".

Meditación 5: Observando el enojo

Cuando sientas el enojo surgir, no luches contra él. En lugar de eso, obsérvalo como lo haría un científico. Pregúntate: ¿Qué lo ha despertado? ¿Qué expectativas lo alimentan? Visualiza cómo, al observarlo, tu enojo pierde fuerza, como un fuego que se queda sin combustible. Repite para ti mismo: "Mi calma no depende de las circunstancias, sino de mi voluntad".

Meditación 6: Escribe y libera

Si el enojo te consume, toma papel y escribe todo lo que sientes. Describe con detalle lo que te ha perturbado. Cuando termines, léelo en silencio y pregúntate: ¿Esto realmente importa? ¿Depende de mí? Si no es así, toma la hoja y rómpela o quémala. Visualiza cómo el fuego simbólico del papel también consume tu enojo. Repite para ti mismo: "No seré esclavo de mi enojo; elegiré la calma y la libertad".

Meditación 7: Gobernar el alma

Visualiza un líder en medio de una batalla, sereno en el caos, dirigiendo sus movimientos con calma y razón. Ese líder eres tú. La batalla no está fuera; está en tu mente. Reflexiona: "No puedo cambiar lo que sucede, pero sí cómo respondo". Con cada respiración, reafirma tu poder de gobernar tu alma. Repite: "El enojo no tiene poder sobre mí; yo elijo la sabiduría y la serenidad".

Meditación 8: La distancia de la perspectiva

Visualiza el enojo como un objeto pequeño en tu palma. A medida que respiras, imagina que lo alejas poco a poco, como si lo empujaras hacia el horizonte. Observa cómo pierde tamaño y fuerza. Pregúntate: ¿Es esto tan grande como parece? La distancia te da claridad. Repite: "Puedo elegir qué peso darle a mis emociones".

Meditación 9: La roca en el camino

Imagina que estás caminando por un sendero y encuentras una roca grande bloqueando el camino. El enojo es como esa roca: un obstáculo que parece inamovible. Ahora visualízate rodeando la roca, escalándola o incluso empujándola a un lado. Reflexiona: el enojo no es el fin del camino; solo requiere una nueva perspectiva. Repite: "Siempre hay una manera de avanzar sin ser dominado por el enojo".

Meditación 10: La quietud del agua
Visualiza un lago en calma, su superficie lisa como un espejo. Tira una piedra y observa las ondas. El enojo es esa piedra: una perturbación momentánea. Con cada respiración, imagina cómo las ondas se disipan y el agua recupera su calma. Pregúntate: ¿Quiero ser el lago perturbado o la quietud misma? Repite: "En la calma, encuentro mi verdadero poder".

El enojo, para los estoicos, es una emoción peligrosa y destructiva que nubla la razón, corrompe el juicio y esclaviza al alma. No se trata solo de una reacción impulsiva, sino de un enemigo interno que, si no es dominado, nos arrastra hacia acciones irracionales y consecuencias irreparables. Como un fuego que consume todo a su paso, la ira devora primero al que la siente. En palabras de Séneca, la ira *"es un veneno que bebemos esperando que el otro muera"*. Sin embargo, es más sutil que un simple estallido emocional: es una carga que arrastramos si no somos conscientes de su naturaleza y de sus efectos.

Séneca, Marco Aurelio y Epicteto, tres pilares del estoicismo, dedicaron tiempo y reflexión a entender y desmontar el enojo, ofreciéndonos un mapa claro hacia la calma y la libertad interior. Su sabiduría no es un simple conjunto de teorías abstractas, sino un manual práctico para conquistar la emoción que más esclaviza al ser humano. Sus palabras resuenan a través de los siglos porque nos muestran una verdad simple, aunque difícil de aceptar: el enojo es una elección y, como tal, puede evitarse.

Séneca y la ira: un veneno para el alma

Séneca, en su obra *De la ira*, examina el enojo con la precisión de un médico que diagnostica una enfermedad. Para él, la ira es la más peligrosa de las pasiones porque combina la locura con la violencia. Es una tormenta que oscurece nuestra claridad mental y nos impulsa a actuar en contra de nuestra naturaleza racional.

Describió la ira como una enfermedad que consume al individuo y le roba la posibilidad de actuar con virtud. *"Ninguna pasión es más peligrosa que la ira porque da la impresión de ser fuerte, cuando en realidad nos debilita"*. Al compararla con una bestia salvaje, Séneca nos enseña que la ira no razona; simplemente arremete, causando daños que luego lamentamos.

Nos plantea una pregunta crucial: *¿Qué ganamos al enojarnos?* La respuesta, según él, es clara: nada. La ira no resuelve problemas, no devuelve la justicia, no repara las ofensas. Por el contrario, empeora las situaciones y nos conduce a un sufrimiento mayor. Imaginemos, dice Séneca, a un capitán de barco que en medio de una tormenta comienza a golpear el agua con furia. Su esfuerzo es fútil y ridículo; el mar no cambiará. Así también actuamos cuando cedemos ante el enojo.

La solución que propone Séneca es doble: el tiempo y la razón. El tiempo apaga el fuego de la ira, del mismo modo que el agua apaga las llamas. Nos invita a retirarnos cuando sintamos que la emoción nos domina y a recordar que lo que hoy parece inmenso, mañana será insignificante. *"Aléjate y reflexiona"*, dice Séneca. No es una huida, sino una tregua para recuperar la claridad mental.

Por otro lado, la razón nos permite cuestionar la causa de nuestro enojo. *¿Por qué me afecta esto? ¿Es realmente importante?* Al diseccionar nuestra ira, descubrimos su inutilidad. Como una sombra que desaparece al encender la luz, la ira se disipa cuando la enfrentamos con lógica y reflexión.

Marco Aurelio: la calma del emperador

Marco Aurelio, el emperador-filósofo, nos ofrece un enfoque práctico y personal en sus *Meditaciones*. Como gobernante, enfrentó innumerables situaciones que podrían haberle provocado ira: traiciones, guerras, injusticias y la constante presión del poder. Sin embargo, en lugar de ceder a la furia, encontró en el estoicismo una guía para preservar su calma.

Marco Aurelio nos enseña que el enojo es una debilidad que surge de expectativas erróneas. Si alguien actúa mal, no debemos culparlo, pues lo hace según su entendimiento y sus capacidades. En sus palabras: *"Cada vez que te enfades, piensa: esta persona actúa así porque no sabe hacerlo mejor"*. Aquí encontramos una profunda lección de compasión: debemos ver las fallas de los demás no como ofensas personales, sino como muestras de su ignorancia.

Nos recuerda también que nuestra reacción es una elección. *"La mente es dueña de sí misma; no permitas que fuerzas externas la perturben"*. No podemos controlar las acciones de otros, pero sí podemos controlar nuestras respuestas. Esta libertad interior, según Marco Aurelio, es la verdadera fortaleza.

El tiempo también juega un papel central en sus enseñanzas. Para el emperador, todo es efímero. *"Todo lo que hoy parece inmenso y trágico, mañana será polvo. El tiempo fluye como un río, y nada permanece".* Al recordar la fugacidad de la vida, el enojo pierde su poder. ¿Por qué aferrarnos a una emoción que pronto se desvanecerá?

Epicteto: la libertad de la mente

Epicteto, esclavo convertido en maestro, nos ofrece una perspectiva práctica y directa: el enojo surge cuando queremos controlar lo que no podemos. Las palabras de otros, las injusticias del mundo, las situaciones que consideramos adversas: nada de esto está bajo nuestro control. *"Lo que está en tu poder es tu respuesta; lo demás, déjalo ir".*

Epicteto nos enseña que ceder al enojo es entregar nuestra libertad. Alguien te insulta, pero ¿quién decide si ese insulto te afecta? Tú. La verdadera libertad consiste en gobernar nuestra mente y no ceder nuestro poder a factores externos. *"Nadie puede herirte si no se lo permites".* La clave, según Epicteto, está en el desapego y en la aceptación de lo que no depende de nosotros.

La naturaleza del enojo: una visión común

Aunque sus enfoques difieren, Séneca, Marco Aurelio y Epicteto coinciden en que el enojo es una elección. No podemos evitar que el mundo actúe de manera injusta, pero podemos decidir cómo responder. La ira es una tormenta pasajera, pero nuestra calma puede ser eterna si la cultivamos con disciplina y razón.

Reflexión final del capítulo

Cuando la ira intente dominarte, recuerda las enseñanzas de los estoicos:
* Séneca: *"Aléjate, dale tiempo".*

- Marco Aurelio: *"El tiempo lo disolverá todo; elige la calma"*.
- Epicteto: *"No cedas tu poder; tu libertad está en tus manos"*.

La calma no es una debilidad, sino la mayor fortaleza. Elige ser el dueño de tu mente, el arquitecto de tu serenidad y el maestro de tu libertad interior.

Meditaciones

Meditación 1: Reconocer el veneno

Cierra los ojos y respira profundamente. Imagina el enojo como un veneno en una copa dorada. Reconoce que, al beberlo, eres tú quien sufre. Pregúntate: ¿Por qué bebo esto? Visualiza cómo dejas la copa en el suelo y te alejas. Repite: "El enojo no afecta a quien lo provoca, sino a quien lo permite".

Meditación 2: La tormenta y el capitán

Visualiza un barco en medio de una tormenta. Eres el capitán: tienes el control de tus acciones, no del mar. Siente el caos a tu alrededor, pero aférrate al timón con calma. Pregúntate: ¿Qué gano al luchar contra el mar? Repite: "Puedo dirigir mi mente, aunque no controle las circunstancias".

Meditación 3: La bestia interior

Imagina tu enojo como una bestia salvaje encadenada. Cada vez que cedes a la ira, la cadena se debilita. Ahora, respira profundamente y visualiza cómo fortaleces la cadena con tu calma. Repite: "La bestia no me domina; yo domino mi mente".

Meditación 4: La fugacidad de la vida

Visualiza el tiempo como un río que fluye sin descanso. Todo lo que hoy parece grande pronto será polvo. Pregúntate: ¿Vale la pena sacrificar mi calma por algo que pasará? Repite: "El enojo es efímero; mi serenidad puede ser eterna".

Meditación 5: El insulto y la elección

Recuerda un insulto reciente que te haya afectado. Visualiza las palabras como flechas lanzadas hacia ti. Observa cómo puedes elegir no recogerlas, dejando que caigan al suelo inofensivas. Repite: "Nadie puede herirme si yo elijo no ser herido".

Meditación 6: La calma del emperador

Imagina ser un emperador en su trono, observando el caos del mundo. No te levantas ni gritas; simplemente observas con ecuanimidad. Pregúntate: ¿Por qué dejaría que esto me afecte? Repite: "Mi mente es dueña de sí misma".

Meditación 7: El desapego de Epicteto

Visualiza tus problemas y ofensas como globos en tu mano. Respira profundamente y suéltalos uno a uno, viéndolos elevarse hasta desaparecer. Pregúntate: ¿Depende de mí? Si no, suéltalo. Repite: "Mi libertad está en mi elección de soltar lo que no controlo".

Meditación 8: El refugio interno

Imagina un refugio en tu mente, un lugar de calma donde nada puede perturbarte. Cada vez que sientas enojo, visualiza entrar en este espacio y cerrar la puerta al ruido exterior. Repite: "Nada externo puede afectar mi paz interior".

Meditación 9: La roca de Marco Aurelio

Visualiza una roca firme y poderosa, golpeada por las olas del mar. El agua puede chocar y salpicar, pero la roca permanece imperturbable. Sé la roca. Repite: "El enojo me toca, pero no me mueve".

Meditación 10: La claridad de la razón

Cierra los ojos y respira. Visualiza tu enojo como un nudo enredado. Con cada inhalación, deshaces el nudo, liberando tu mente. Pregúntate: ¿Por qué dejo que esto me ate? Repite: "La razón disipa el enojo; elijo pensar y actuar con calma".

EL CONTROL ESTOICO: LO QUE DEPENDE DE TI Y LO QUE NO

Una de las enseñanzas más profundas y prácticas del estoicismo es la distinción entre lo que está bajo nuestro control y lo que no. Epicteto, en su obra *El Enquiridion*, resume esta idea con una claridad que resuena a través de los siglos: *"Algunas cosas están bajo nuestro control y otras no lo están"*. Este principio, tan simple en su enunciado, tiene el poder de transformar nuestra relación con el mundo, nuestras emociones y, sobre todo, nuestra paz interior.

El arte de discernir

La mayoría de los seres humanos vive atrapada en una lucha constante contra lo incontrolable. Nos preocupamos por el clima que arruinará nuestro día, las opiniones ajenas que nos inquietan o los errores del pasado que ya no se pueden corregir. Pero en esta resistencia, solo nos infligimos sufrimiento innecesario. El estoico sabio entiende que la clave para una vida serena está en aceptar lo que no podemos cambiar y enfocar nuestra energía en lo que sí depende de nosotros.

Epicteto explica que el universo está dividido en dos reinos: el reino del control y el reino de lo incontrolable. En el primero se encuentran nuestros pensamientos, nuestras acciones y nuestras reacciones. En el segundo está todo lo demás: las decisiones de los demás, los resultados del azar, las injusticias del mundo, e incluso nuestra propia mortalidad.

Epicteto: La libertad de aceptar

Epicteto, quien conoció el peso de las cadenas en la esclavitud, alcanzó la libertad verdadera: la libertad de la mente. Enseñó que no importa cuán dura sea la situación externa, siempre tenemos el poder de decidir cómo responder. Esta es la esencia de su filosofía: aceptar lo inevitable y concentrarnos en lo que sí depende de nosotros.

Epicteto nos ofrece un ejemplo claro: imagina que estás en un barco atrapado en una tormenta. No puedes calmar el viento, no puedes evitar que las olas golpeen el casco. Pero puedes elegir mantener la calma, dirigir tus acciones con prudencia y no ceder al pánico. La tormenta es incontrolable, pero tu mente no lo es. En sus palabras: *"No son los eventos los que nos perturban, sino nuestra opinión sobre ellos"*.

Esta lección, sencilla pero profunda, nos enseña a soltar la resistencia. La mayoría de nuestro sufrimiento no proviene de las circunstancias, sino de nuestra negativa a aceptarlas. Resistir lo inevitable es como golpear una pared esperando que retroceda. La verdadera libertad surge cuando soltamos la ilusión del control.

Marco Aurelio: La mente inquebrantable

Marco Aurelio, emperador del mundo conocido y filósofo en la intimidad, enfrentó la incertidumbre, la guerra y la traición. A pesar de ello, encontró serenidad en el estoicismo. En sus *Meditaciones*, Marco Aurelio reflexiona sobre la importancia de concentrarse en aquello que sí depende de nosotros y dejar ir lo que no.

Él nos dice: *"Tienes poder sobre tu mente, no sobre los eventos externos. Date cuenta de esto y encontrarás la fuerza"*. Aquí radica una verdad poderosa: no somos esclavos de las circunstancias; somos dueños de nuestra respuesta. La mente, cuando es disciplinada, se convierte en una fortaleza inexpugnable. Pueden atacarnos, insultarnos o traicionarnos, pero si nuestra mente permanece serena, nada puede perturbarnos.

Marco Aurelio nos ofrece una práctica constante: ver cada dificultad como una oportunidad de crecimiento. Si alguien nos ofende, podemos practicar la paciencia. Si la vida nos golpea con adversidad, podemos ejercitar la fortaleza. Si enfrentamos injusticia, podemos actuar con justicia. En cada situación, lo que sí depende de nosotros es nuestra virtud, nuestra actitud y nuestras acciones.

Él también nos recuerda la fugacidad de las cosas. *"Todo lo que hoy parece grande y abrumador, mañana será polvo. El tiempo fluye como un río y nada permanece"*. Si todo es efímero, ¿por qué aferrarnos a lo que no podemos cambiar? La serenidad proviene de soltar el apego a lo externo y centrarnos en lo que podemos controlar.

Séneca: El poder de la razón

Séneca, el gran maestro del estoicismo romano, aborda el control desde la razón. Para él, la vida está llena de imprevistos y desafíos, pero resistirse a ellos solo multiplica el sufrimiento. La sabiduría consiste en adaptarse al curso natural de los eventos sin perder la calma ni la dignidad.

Séneca compara al sabio con un marinero experimentado. Un buen marinero no se queja del viento ni de las olas; ajusta sus velas y sigue adelante. Del mismo modo, la razón nos permite navegar las tormentas de la vida sin dejarnos arrastrar por la desesperación. En sus cartas, escribe: *"No hay viento favorable para quien no sabe a dónde va. Pero aquel que ajusta su rumbo y acepta el viento tal como viene, ese alcanza su destino"*.

La verdadera sabiduría, según Séneca, es dejar de desear que el mundo sea diferente. Si algo no depende de nosotros, debemos aceptarlo. Si algo sí depende de nosotros, debemos actuar con virtud y determinación. La calma se encuentra en esta sencilla distinción.

Ejercicio práctico: El círculo del control

Para aplicar esta enseñanza en tu vida diaria, imagina dos círculos:

1. **El círculo del control**: tus pensamientos, tus acciones y tus reacciones.
2. **El círculo de lo incontrolable**: el comportamiento de los demás, el clima, el pasado, el futuro incierto y las circunstancias externas.

Cuando enfrentes una situación desafiante, pregúntate: *¿Está esto dentro de mi control?* Si la respuesta es no, suelta la carga. Si la respuesta es sí, actúa con sabiduría y virtud. Con práctica, este ejercicio te permitirá enfocar tu energía en lo que realmente importa y liberar tu mente de preocupaciones innecesarias.

Reflexión final del capítulo

La distinción entre lo que depende de ti y lo que no es una llave que abre la puerta a la libertad interior. No podemos controlar el mundo, pero sí podemos controlar nuestra actitud y nuestras respuestas. Como dice Epicteto: *"La felicidad y la libertad comienzan con una clara comprensión de una cosa: algunas cosas están bajo nuestro control y otras no lo están"*.

Recuerda: no eres el dueño del viento, pero puedes ajustar tus velas. No puedes evitar la tormenta, pero puedes decidir cómo navegarla. La serenidad no se encuentra en cambiar el mundo, sino en aceptar su naturaleza y gobernar la tuya.

Elige la calma. Elige la libertad. Elige el control estoico.

Meditaciones

Meditación 1: El reino del control

Cierra los ojos y respira profundamente. Imagina dos círculos: uno pequeño en tu interior, otro grande a tu alrededor. El pequeño representa lo que puedes controlar: tus pensamientos, tus acciones. El grande simboliza lo que no puedes controlar. Pregúntate: ¿En cuál debo enfocar mi energía? Repite: "Dirijo mi atención a lo que sí depende de mí".

Meditación 2: La tormenta externa

Visualiza estar en medio de una tormenta. No puedes detener el viento ni la lluvia, pero puedes elegir no dejarte llevar por el pánico. Respira hondo y observa tu serenidad como un refugio interior. Repite: "No puedo controlar la tormenta, pero puedo mantener mi calma".

Meditación 3: La roca y el viento

Imagina ser una roca firme y poderosa, golpeada por el viento y las palabras de otros. Nada de lo externo puede cambiar tu esencia. Pregúntate: ¿Depende de mí? Si no, permite que pase como una brisa. Repite: "Soy fuerte y estable; lo que no controlo no me define".

Meditación 4: Soltar la cuerda

Visualiza estar sosteniendo una cuerda tensa que representa tu resistencia a lo incontrolable. Siente la tensión en tu cuerpo. Ahora, suelta la cuerda y observa cómo la calma regresa a ti. Repite: "Suelto lo que no controlo; encuentro paz en la aceptación".

Meditación 5: El capitán de tu mente

Imagina tu mente como un barco navegando en el mar. Tú eres el capitán: puedes dirigir el rumbo, pero no controlar las olas. Observa cómo enfocas tu atención en las acciones que dependen de ti. Repite: "Navego con calma y acepto el curso de la vida".

Meditación 6: La libertad de Epicteto

Visualiza estar encadenado por preocupaciones externas. Ahora, con cada respiración, las cadenas se debilitan. Sólo tú tienes la llave para liberarte, eligiendo enfocarte en lo que puedes controlar. Repite: "Mi libertad está en mi elección de responder".

Meditación 7: El marinero sabio

Imagina ser un marinero que ajusta sus velas al viento cambiante. No te quejas del viento, sino que usas su fuerza para avanzar. Reflexiona: ¿Estoy adaptándome o resistiendo lo inevitable?

Repite: "Adapto mis acciones; acepto lo que no puedo cambiar".

Meditación 8: El espejo de la calma
Visualiza una situación reciente que te perturbó. Ahora, imagínate frente a un espejo: tu reflejo está calmado, sereno y sabio. Pregúntate: ¿Cómo elegiría responder mi versión más sabia? Repite: "Elijo la calma en mis respuestas".

Meditación 9: La mente como un refugio
Cierra los ojos y visualiza tu mente como un templo silencioso y protegido. Lo externo no puede entrar sin tu permiso. Cada pensamiento que no puedes controlar queda fuera de este espacio. Repite: "Nada externo puede perturbar mi paz si no lo permito".

Meditación 10: El fluir del tiempo
Imagina el tiempo como un río que fluye constante. Todo lo que hoy parece inmenso pronto quedará atrás. Respira y observa cómo te liberas al soltar lo incontrolable. Repite: "Dejo ir el pasado, acepto el presente y confío en el futuro".

LA PRÁCTICA DEL AUTOCONTROL: EJERCICIOS ESTOICOS PARA FRENAR LA REACCIÓN EMOCIONAL

En el calor de la emoción, cuando el enojo surge como un relámpago, el autocontrol se convierte en la herramienta más poderosa del sabio. Los estoicos entendieron que la capacidad de dominar nuestras reacciones no solo define nuestra fortaleza, sino también nuestra libertad. La ira y otras emociones intensas son como un torrente impetuoso: si no actuamos rápidamente para contenerlas, nos arrastrarán hacia acciones de las que, más tarde, nos arrepentiremos.

La práctica del autocontrol no es la supresión del enojo, sino el dominio de su impulso inicial. El estoicismo no nos pide que ignoremos nuestras emociones, sino que las entendamos, las cuestionemos y, finalmente, las gobernemos. Como dijo Epicteto: *"No puedes elegir las emociones que surgen, pero puedes elegir qué hacer con ellas"*. Dominar la mente es una disciplina, un ejercicio diario que nos convierte en dueños de nuestras respuestas y, por ende, de nuestro destino. Aquellos que carecen de autocontrol no solo son esclavos de su enojo, sino también de las consecuencias que este trae.

A continuación, exploraremos las técnicas estoicas más efectivas para frenar la reacción emocional y cultivar la calma en medio del caos. Cada ejercicio es una herramienta que, practicada con diligencia, fortalece el carácter, reduce el sufrimiento y nos acerca a la verdadera sabiduría.

1. La pausa consciente: El poder del momento

Cuando sentimos el impulso del enojo crecer, el primer paso es detenernos. Marco Aurelio nos recuerda: *"El primer impulso es natural. Lo que sigue, depende de ti"*. La clave es no actuar de inmediato, pues el primer instinto es siempre irracional. La pausa, aunque breve, nos da el espacio necesario para retomar el control de nuestra mente.

La reacción inmediata al enojo es la causa de la mayoría de nuestras malas decisiones. En el momento de la ira, el cerebro primitivo toma el control y nos arrastra hacia un comportamiento que luego lamentaremos. Pero la pausa nos permite devolverle el control a la razón. La pausa no es una debilidad, sino una demostración de fortaleza y claridad mental.

- **Ejercicio práctico:** Cuando sientas que el enojo está a punto de dominarte, respira profundamente. Cuenta hasta diez si es necesario. Si la situación lo permite, aléjate para reflexionar. La respiración consciente oxigena el cerebro y calma el sistema nervioso, permitiendo que el impulso inicial se disipe.

Pregúntate: *¿Es esto tan importante como parece? ¿Mi respuesta será útil o simplemente empeorará la situación?* La pausa te da la oportunidad de elegir tu respuesta, en lugar de ser esclavo de tu impulso.

Recuerda que detenerse no significa ignorar el problema. Es actuar con prudencia y calma, dejando que la razón ocupe el lugar de la reacción.

2. La visualización del futuro: Medita sobre las consecuencias

Séneca nos advierte que *"el enojo es breve locura"*, y toda locura conduce al arrepentimiento. Antes de ceder al impulso, imagina cómo te sentirás después de actuar con ira. Las palabras hirientes, los gestos violentos y las decisiones precipitadas suelen traer consecuencias que podrían haberse evitado.

La visualización es una técnica poderosa que nos permite proyectarnos hacia el futuro y ver las repercusiones de nuestras acciones. La mente calmada que observa las consecuencias es capaz de frenar el impulso de la mente agitada.

- **Ejercicio práctico:** Visualiza el resultado de tu reacción. Pregúntate: *¿Qué ganaré con esto? ¿Me sentiré orgulloso de mi comportamiento mañana?* Piensa en el daño que podría causar una reacción impulsiva. Las consecuencias de una palabra dicha con ira pueden durar mucho más que el alivio momentáneo de expresarla.

Imagínate a ti mismo mirando atrás dentro de un día, una semana o un año: *¿Cómo juzgaría mi versión futura este momento de furia?* Este ejercicio te ayuda a adoptar una perspectiva más amplia, alejándote del impulso inmediato.

3. Practica la indiferencia: Lo que depende de ti y lo que no

Epicteto nos enseña que el enojo surge cuando queremos controlar lo que no está en nuestras manos. Al aceptar que no podemos controlar las acciones, palabras o pensamientos de otros, aprendemos a liberarnos del poder que estas cosas tienen sobre nosotros.

- **Ejercicio práctico:** Ante una provocación, repítete a ti mismo: *"Esto no depende de mí"*. Si alguien te insulta o te provoca, recuerda que su comportamiento es su problema, no el tuyo. Pregúntate: *¿Por qué debo ceder mi tranquilidad ante alguien que no puede dominarse a sí mismo?*

La indiferencia estoica no es frialdad, sino claridad de pensamiento. La verdadera fuerza está en no permitir que lo externo tome control de nuestro mundo interior. Es entender que solo nuestras acciones, pensamientos y reacciones están bajo nuestro control.

4. La perspectiva elevada: Observa desde la distancia

Marco Aurelio practicaba un ejercicio mental simple pero profundo: imaginaba su vida desde una perspectiva elevada, como si la estuviera viendo desde las alturas. Desde esta posición, los problemas parecen pequeños y las provocaciones, insignificantes.

- **Ejercicio práctico:** Imagina que estás observando la situación desde el futuro o desde el espacio. Desde esa distancia, las tensiones actuales se disipan. Pregúntate:

¿Importará esto dentro de un año? ¿Tiene sentido perder mi calma por esto? Esta visión alejada te permite ver la situación con objetividad.

5. La escritura reflexiva: Libera la emoción

La escritura es una herramienta terapéutica que los estoicos, como Séneca, usaban para organizar sus pensamientos y calmar sus emociones.

- **Ejercicio práctico:** Escribe todo lo que sientes cuando estás enojado. Sé honesto y directo. Al releer tus palabras, pregúntate: *¿Es esto tan grave como lo siento?* La escritura convierte un mar de emociones en un mapa claro de lo que realmente ocurre.

Reflexión final del capítulo

La práctica del autocontrol es el camino hacia la libertad. Los impulsos son naturales, pero dominarlos es un acto de fortaleza. Como dijo Epicteto: *"No puedes controlar lo que ocurre, pero puedes controlar cómo respondes a ello"*.

Cada pausa, cada reflexión, cada elección consciente nos acerca más al sabio que habita en nosotros. La verdadera libertad es la calma inquebrantable, y alcanzarla es el logro más noble del ser humano.

Meditaciones

Meditación 1: La pausa consciente

Siéntate en silencio y respira profundamente. Imagina el impulso de tu enojo como una ola que crece. Ahora, detén el tiempo por un instante. Respira y cuenta hasta diez. Visualiza cómo la ola se calma. Pregúntate: ¿Es esta reacción necesaria? Repite: "En la pausa, encuentro mi libertad".

Meditación 2: Visualiza el futuro

Cierra los ojos y visualiza las consecuencias de actuar con enojo. Imagina las palabras que podrías decir y las heridas que podrías causar. Ahora, imagina elegir la calma y las consecuencias de esa decisión. Pregúntate: ¿Qué ganaré eligiendo la serenidad? Repite: "Elijo la calma porque veo más allá del instante".

Meditación 3: Lo que depende de ti

Visualiza una situación que te provoca. Ahora, divídela en dos: lo que está bajo tu control y lo que no lo está. Respira profundamente y suelta lo que no depende de ti. Repite: "Me concentro solo en lo que puedo controlar".

Meditación 4: Eleva la perspectiva

Imagina ver tu vida desde lo alto, como si estuvieras observándola desde una montaña o el espacio. Lo que ahora parece grande se vuelve pequeño. Pregúntate: ¿Importará esto en un año? Repite: "Desde la distancia, todo encuentra su justa medida".

Meditación 5: La escritura liberadora

Toma un papel y escribe lo que sientes cuando el enojo surge. Expresa todo sin censura. Al terminar, léelo y pregúntate: ¿Es esto tan grave como lo siento? Luego, destruye o quema el papel, liberando también tu carga. Repite: "Libero mis emociones y recupero mi paz".

Meditación 6: La imagen del marinero

Visualiza ser un marinero enfrentando una tormenta en el mar. No puedes detener la tormenta, pero puedes controlar tu barco. Respira profundo y ajusta tus velas. Pregúntate: ¿Estoy respondiendo con calma o resistiendo sin sentido? Repite: "Soy el capitán de mi respuesta".

Meditación 7: El espejo de la sabiduría

Imagínate en una situación que te provocó enojo. Visualízate frente a un espejo, reflejando a tu versión más sabia y calmada. Pregúntate: ¿Qué haría esta versión de mí? Repite: "Elijo actuar como mi mejor versión".

Meditación 8: El torrente que se calma

Visualiza tus emociones como un río crecido tras una tormenta. Observa cómo, con cada respiración, el agua vuelve a fluir tranquila. Pregúntate: ¿Es esta emoción pasajera? Repite: "Dejo que mi mente fluya con calma y claridad".

Meditación 9: La fortaleza del desapego

Piensa en una provocación reciente. Visualiza a la persona o situación lanzando una piedra hacia ti. En lugar de reaccionar, imagina cómo la piedra cae inofensivamente a tus pies. Repite: "Lo que no controlo no puede herirme".

Meditación 10: La llama controlada

Imagina el enojo como una llama que surge en tu interior. Respira y visualiza cómo la calma la reduce a una luz suave, que ilumina en lugar de consumir. Pregúntate: ¿Quiero que esta llama me consuma o que me guíe? Repite: "Transformo mi enojo en luz y sabiduría".

LA VISUALIZACIÓN NEGATIVA: PREPARARSE MENTALMENTE ANTE LA FRUSTRACIÓN

La mente humana, por naturaleza, teme lo inesperado. Cuando las cosas no salen como las planeamos, surge la frustración: una emoción que nos empuja a la queja, a la impotencia o al enojo. Los estoicos, sin embargo, encontraron en la *visualización negativa* una herramienta poderosa para enfrentar la incertidumbre y prepararse mentalmente para lo inevitable.

Esta práctica, conocida también como *premeditatio malorum* ("preparación para los males"), no pretende infundir miedo, sino proporcionar claridad. Al imaginar conscientemente los peores escenarios, entrenamos nuestra mente para reaccionar con calma cuando la adversidad golpea. El estoico no se deja sorprender ni dominar por lo inesperado, porque ya lo ha contemplado antes. Como nos recuerda Séneca: *"Esperemos lo mejor, pero preparémonos para lo peor"*.

Al anticipar las dificultades, logramos tres grandes objetivos: reducimos la sorpresa que intensifica el dolor, fortalecemos nuestra capacidad de respuesta y despertamos un profundo sentido de gratitud por lo que poseemos hoy. Como veremos a continuación, la visualización negativa no es una acción pasiva, sino una estrategia activa para vivir con más serenidad y menos miedo.

La importancia de anticipar los contratiempos

La vida está llena de imprevistos. Algunos son pequeños: una reunión cancelada, un día de lluvia, el retraso de un tren. Otros son significativos: perder un empleo, enfrentar una enfermedad o sufrir la traición de alguien cercano. Si vivimos esperando que todo salga conforme a nuestros deseos, cada obstáculo se convierte en una tragedia. Pero ¿quién dijo que la vida sigue nuestras expectativas? El universo actúa según sus propias leyes, no según nuestros deseos.

Epicteto nos enseña: *"Cuando salgas a la calle, prepárate para encontrar personas groseras, para ver injusticias y enfrentar inconvenientes. Así, cuando ocurran, no te sorprenderán"*. Esta preparación mental transforma la sorpresa en aceptación. De esta manera, la visualización negativa se convierte en un escudo contra la frustración y un antídoto contra el sufrimiento innecesario.

Cuando anticipamos lo malo, no nos estamos condenando al pesimismo. Al contrario, nos estamos preparando para actuar con calma, sin perder la razón ni la dignidad. Es como un soldado que afila su espada antes de la batalla, no porque desee la guerra, sino porque sabe que estar preparado le salvará.

1. La premeditación malorum: Un ejercicio de fortaleza

La *premeditatio malorum* es el ejercicio central de la visualización negativa. Consiste en imaginar, con serenidad y objetividad, las dificultades que podrían surgir en el día o en el futuro cercano. Este acto de anticipación no nos hace débiles ni temerosos; nos hace fuertes y resilientes. Al visualizar los peores escenarios, nos liberamos del miedo porque enfrentamos lo desconocido en nuestra mente antes de que suceda.

- **Ejercicio práctico:** Cada mañana, dedica unos minutos a cerrar los ojos y visualizar las dificultades que podrían surgir en tu día: retrasos, inconvenientes, conflictos con otras personas. Pregúntate: *¿Cómo respondería un sabio a esta situación?* Imagina tu respuesta estoica: mantienes la calma, actúa con virtud y no permites que la situación te domine.

Séneca sugiere llevar este ejercicio más allá, contemplando también las grandes adversidades de la vida: *¿Qué haría si perdiera mi trabajo, si enfermara o si muriera alguien a quien amo?* Aunque estas son ideas incómodas, al enfrentarlas mentalmente, reducimos su capacidad de perturbarnos cuando realmente ocurran.

2. Reducir el impacto emocional mediante la anticipación

El dolor no proviene solo de los eventos, sino de nuestra sorpresa ante ellos. Cuando algo malo ocurre de manera inesperada, el impacto emocional es mayor porque nos sentimos desprevenidos. La visualización negativa nos enseña a esperar lo inesperado, a asumir que la vida no está bajo nuestro control y que debemos estar preparados.

Como explica Séneca: *"El hombre que se prepara para los golpes afronta cada uno con menos sufrimiento"*. Anticipar lo malo no significa que deseamos que ocurra, sino que estamos listos para afrontarlo con dignidad y coraje.

- **Ejercicio práctico:** Escribe en un diario los peores escenarios posibles relacionados con una situación que te preocupe. Visualiza cómo actuarías, qué pasos tomarías y cómo mantendrías la calma. Al hacerlo, tu mente transforma el miedo en preparación.

Por ejemplo: si temes perder tu empleo, pregúntate: *¿Qué haría si esto ocurre?* Considera alternativas, planifica tus acciones y visualiza tu capacidad para afrontarlo con sabiduría. Esta preparación reduce el pánico y aumenta tu confianza.

3. Liberarse del miedo al futuro

El miedo al futuro surge de lo desconocido. Pero cuando enfrentamos mentalmente lo que tememos, el futuro pierde su poder sobre nosotros. Marco Aurelio escribe: *"No dejes que tu mente se altere por el futuro. Afróntalo con las armas de la razón y la preparación"*.

Al visualizar nuestras dificultades, descubrimos que la mayoría son más pequeñas de lo que tememos. Al igual que una sombra que parece gigantesca en la oscuridad, pero que se disipa con la luz, nuestros temores pierden fuerza cuando los enfrentamos con la razón.

- **Ejercicio práctico:** Antes de dormir, visualiza un problema que podría surgir mañana. Imagina los peores resultados posibles y cómo los enfrentarías. Pregúntate: *¿Cuál es la peor consecuencia realista de esto?* La mayoría de las veces, descubrirás que la situación no es tan aterradora como tu mente inicialmente pensaba.

4. Agradecer lo que tenemos al imaginar su pérdida

La visualización negativa también nos enseña a valorar lo que tenemos. Al imaginar la pérdida de las cosas que amamos—nuestro hogar, nuestra salud, nuestra libertad—, redescubrimos su importancia en nuestra vida. Séneca dice: *"El hombre que anticipa la pérdida de sus bienes es el que más los disfruta mientras los posee"*.

- **Ejercicio práctico:** Dedica unos minutos a imaginar que pierdes algo valioso. Luego regresa al presente y aprecia que todavía lo tienes. Siente gratitud por ello, sabiendo que nada es permanente.

Reflexión final del capítulo

La visualización negativa no es pesimismo; es una estrategia de preparación mental que nos fortalece. Al anticipar lo peor, nos volvemos más resilientes, menos temerosos y más agradecidos. Como dijo Marco Aurelio: *"La mejor manera de defenderte de lo inesperado es esperarlo siempre"*.

Elige la preparación. Elige la resiliencia. Elige la libertad de una mente estoica.

Meditaciones

Meditación 1: La anticipación sabia

Siéntate en silencio y cierra los ojos. Imagina las dificultades que podrían surgir hoy: retrasos, conflictos, pequeños inconvenientes. Observa cómo respondes con calma, sin sorpresa. Pregúntate:

¿Estoy preparado para esto? Repite: "Anticipo lo inesperado y elijo la serenidad".

Meditación 2: El peor escenario

Visualiza una situación temida. Imagina el peor desenlace posible con calma y claridad. Pregúntate: ¿Qué haría si esto sucede? Observa cómo tu mente encuentra soluciones y fortalezas. Repite: "Incluso ante lo peor, puedo responder con virtud".

Meditación 3: Reducir el impacto

Recuerda que el dolor crece con la sorpresa. Visualiza lo inesperado como algo normal y esperado. Respira profundamente y dí: "Nada me toma desprevenido; estoy preparado". Pregúntate: ¿Qué impacto tiene esto si ya lo contemplé antes? Repite: "La anticipación reduce el dolor".

Meditación 4: La fragilidad de la vida

Dedica unos minutos a imaginar perder algo valioso: un trabajo, un objeto, o la salud. Siente la incomodidad y luego aprecia que, por ahora, todavía lo posees. Repite: "Valoro lo que tengo porque nada es eterno".

Meditación 5: El diario de lo inesperado

Visualiza escribir en un diario las dificultades del día, pero antes de que ocurran. Describe retrasos, problemas o errores. Luego, escribe cómo los enfrentarás con calma. Repite: "Estoy preparado para lo inesperado".

Meditación 6: Observar la adversidad

Cierra los ojos y visualiza a una persona grosera, una injusticia o un inconveniente. Observa cómo estas situaciones pierden su poder sobre ti porque las esperabas. Pregúntate: ¿Por qué sorprenderme si el mundo actúa según su curso? Repite: "Acepto lo inevitable con calma y sabiduría".

Meditación 7: La preparación del guerrero

Visualiza ser un guerrero afilando su espada antes de la batalla. No porque desee la guerra, sino porque está listo para lo que venga. Pregúntate: ¿Qué puedo hacer hoy para fortalecerme ante la adversidad? Repite: "Me preparo para lo peor, esperando lo mejor".

Meditación 8: La pequeñez de los problemas

Imagina una preocupación actual desde la perspectiva del tiempo o el espacio. Visualízala encogiéndose, como una sombra que pierde su forma. Pregúntate: ¿Importará esto dentro de un año? Repite: "Lo que hoy parece grande, pronto será pequeño".

Meditación 9: La libertad ante el miedo

Visualiza tus miedos y déjalos tomar forma. Respira profundamente y diles: "Te veo y te enfrento". Observa cómo el miedo se disipa ante tu valentía. Pregúntate: ¿Es esto tan terrible como pensaba? Repite: "Soy libre porque enfrento lo que temo".

Meditación 10: El regalo de la gratitud

Dedica un momento a imaginar perder algo esencial: una relación, la libertad o un pequeño placer diario. Ahora regresa al presente y aprecia su existencia. Pregúntate: ¿Cuánto valor tiene esto hoy? Repite: "Agradezco lo que tengo, porque sé que es frágil".

LA PACIENCIA Y EL TIEMPO: HERRAMIENTAS NATURALES CONTRA EL ENOJO

La paciencia y el tiempo son dos de los recursos más poderosos con los que cuenta el ser humano para dominar sus emociones y actuar con sabiduría. Frente al enojo, que surge de manera repentina y arrastra la mente hacia el caos, la paciencia actúa como un escudo, y el tiempo como una brújula que nos devuelve a la calma. Los estoicos comprendieron que la reacción impulsiva no es símbolo de fuerza, sino de debilidad; actuar con calma, por el contrario, es el reflejo de una mente bien gobernada, una mente que ha conquistado su libertad interior.

El enojo, como cualquier emoción intensa, tiene un impulso inicial que pide ser liberado. Es rápido, irreflexivo y adictivo, como una llama que busca consumir todo a su paso. Pero este impulso puede ser observado, analizado y, sobre todo, retrasado. Entre el momento en que sentimos la chispa del enojo y el momento en que actuamos, existe un espacio. Y en ese espacio radica nuestra libertad de elección. Cuando logramos retrasar la reacción, el tiempo nos ofrece una perspectiva distinta, y la paciencia nos permite elegir la mejor respuesta posible, una respuesta que refleje nuestro compromiso con la virtud.

Marco Aurelio escribió en sus *Meditaciones*: *"Es el tiempo el que cura las heridas, calma las tormentas y devuelve la claridad a la mente"*. En su rol de emperador y filósofo, Marco Aurelio enfrentó innumerables conflictos, y siempre encontró en la paciencia un aliado inquebrantable. No es la fuerza bruta la que resuelve las crisis, sino la mente tranquila y serena que se niega a ceder ante el caos.

En este capítulo, exploraremos la relación entre la paciencia, el tiempo y el dominio del enojo. Aprenderemos cómo retrasar las reacciones impulsivas y cómo aplicar la sabiduría estoica para fortalecer nuestra templanza en los momentos de mayor tensión.

El impulso inicial: La semilla del enojo

El enojo no aparece de la nada. Surge como una chispa: un comentario inoportuno, una acción inesperada, un obstáculo que frustra nuestros deseos. Esa chispa, si no se controla, puede convertirse en un incendio que consume nuestra claridad mental y nos empuja hacia acciones de las que luego nos arrepentiremos. Séneca describe el enojo como *"la más breve de las locuras"* porque, aunque comienza con un impulso pequeño, tiene el poder de despojarnos de nuestro juicio y de nuestra humanidad.

El primer paso para dominar el enojo consiste en identificar su impulso inicial. Debemos observarlo como si fuéramos científicos estudiando un fenómeno natural: con calma, sin reacción inmediata. El tiempo entre el momento en que sentimos el enojo y el momento en que actuamos es un espacio valioso, un instante en el que podemos elegir nuestra respuesta. La paciencia nos permite ampliar ese espacio, creando una brecha entre la emoción y la acción. Al hacerlo, recuperamos el control de nuestra mente.

- **Ejercicio práctico:** Cuando sientas el impulso del enojo, detente por completo. Respira profundamente y concédete al menos diez segundos antes de hablar o actuar. Imagina que cada respiración es un escudo que fortalece tu calma mientras el impulso pierde fuerza. Pregúntate: *"¿Es necesario responder ahora? ¿Qué ganaré con una reacción impulsiva?"*. Este breve ejercicio te permite frenar el incendio antes de que se propague.

Recuerda: actuar con paciencia no significa ignorar el problema. Significa responder con claridad y razón, no con furia ciega.

La fuerza del tiempo: Dejar que la tormenta pase

El tiempo es una herramienta silenciosa, pero extraordinariamente efectiva. Así como una tormenta no dura para siempre, el enojo también se disipa si no lo alimentamos. Las emociones son temporales por naturaleza: vienen y van como las olas del mar. Cuando logramos resistir el impulso inicial y damos tiempo al tiempo, descubrimos que la emoción pierde su poder sobre nosotros y que nuestra mente recupera su claridad.

Marco Aurelio nos ofrece un consejo práctico y profundo: *"Si puedes esperar, verás que tu mente recupera su calma y que el problema, visto con perspectiva, no es tan grande como parecía"*. El tiempo, al igual que el agua, suaviza incluso las rocas más duras; permite que el fuego del enojo se consuma por sí mismo.

- **Ejercicio práctico:** Si una situación te provoca enojo, concédete un tiempo para responder. Puede ser una hora, un día o incluso más, dependiendo de la magnitud del problema. Mientras esperas, reflexiona con calma y escribe tus pensamientos. Pregúntate: *"¿Por qué me molesta esto? ¿Es realmente importante? ¿Tiene sentido perder mi calma?"*. Con el paso del tiempo, lo que inicialmente parecía una ofensa grave se reduce a su verdadera proporción.

La paciencia como virtud del sabio

Para los estoicos, la paciencia no es una espera pasiva, sino una elección consciente de no ceder ante la emoción. Epicteto nos recuerda: *"No podemos controlar lo que los demás hacen, pero sí podemos controlar nuestra reacción ante ello"*. Practicar la paciencia es una muestra de autodominio, una demostración de que somos dueños de nuestro ser.

La paciencia también nos permite actuar con justicia y fortaleza. Si alguien nos ofende, responder con calma no significa debilidad, sino superioridad moral. El sabio no se rebaja al nivel de quien lo provoca, sino que elige elevarse por encima de la situación.

- **Ejercicio práctico:** Ante una provocación, visualiza la paciencia como un escudo protector que bloquea el impacto del enojo. Repítete a ti mismo: *"Esta situación no merece que pierda mi calma ni mi dignidad"*. Cada vez que eliges no reaccionar impulsivamente, fortaleces ese escudo.

El poder de la espera: La mente como juez

El tiempo también nos ofrece claridad. Lo que al principio parece una ofensa grave, con el paso de las horas o los días suele reducirse a un malentendido o a algo insignificante. Marco Aurelio sugiere que, antes de responder al enojo, imaginemos la situación desde el futuro. Pregúntate: *"¿Importará esto dentro de un año? ¿Dentro de un mes? ¿Incluso mañana?"*.

- **Ejercicio práctico:** Imagina que estás viendo la situación desde una lógica más amplia, como si observaras tu vida desde lo alto de una montaña. Pregúntate: *"¿Vale la pena perder mi paz interior por esto?"*. La respuesta, en la mayoría de los casos, será no.

Reflexión final del capítulo

La paciencia y el tiempo son herramientas naturales que todos poseemos, pero que pocos saben utilizar. El estoico, al comprender el poder de estas virtudes, se convierte en un maestro del autocontrol. No cede ante el impulso inicial ni se deja arrastrar por la tormenta de la emoción. En su lugar, espera, reflexiona y actúa con calma y razón.

Recuerda las palabras de Séneca: *"El tiempo todo lo cura y todo lo pone en su lugar"*. La próxima vez que sientas el enojo crecer, concédete el regalo del tiempo. Respira, espera y elige una respuesta que refleje la mejor versión de ti mismo.

Elige la paciencia. Elige la calma. Elige la libertad de actuar con virtud y sabiduría.

Meditaciones

Meditación 1: El espacio entre estímulo y respuesta

Siéntate en silencio y respira profundamente. Visualiza una chispa encendiéndose dentro de ti: el impulso del enojo. Observa cómo puedes expandir el espacio entre la chispa y la reacción. Pregúntate: "¿Qué ganaré si espero un momento?" Repite: "Entre la emoción y mi acción, elijo la calma".

Meditación 2: Respirar como un escudo

Imagina tu respiración como un escudo invisible. Cada inhalación te fortalece y cada exhalación aleja el enojo. Siéntete protegido dentro de este escudo. Pregúntate: "¿Es esta reacción necesaria ahora?" Repite: "Mi respiración me devuelve la claridad".

Meditación 3: La tormenta y el tiempo

Visualiza una tormenta intensa que poco a poco se disipa. El enojo es esa tormenta, pero el tiempo tiene el poder de calmarla. Pregúntate: "Si espero, ¿será esto tan importante mañana?" Repite: "La paciencia es mi mayor fortaleza".

Meditación 4: La espera del sabio

Imagina a un sabio sentado tranquilamente mientras el mundo se agita a su alrededor. La calma del sabio proviene de esperar antes de actuar. Pregúntate: "¿Cómo respondería alguien sabio en esta situación?" Repite: "Espero porque elijo actuar con virtud".

Meditación 5: El enojo como una llama

Visualiza el enojo como una llama pequeña dentro de ti. Al detenerte y esperar, la llama se consume sola. Pregúntate: "¿Quiero alimentar este fuego o dejarlo extinguirse?" Repite: "Mi paciencia apaga el fuego del enojo".

Meditación 6: El río del tiempo

Imagina tus pensamientos como un río que fluye. Deja que el impulso del enojo pase como una hoja flotando en la corriente. No lo detengas, solo obsérvalo alejarse. Pregúntate: "¿Es esto permanente o pasajero?" Repite: "El tiempo lo suaviza todo".

Meditación 7: La voz de la razón

Imagina tu mente como un juez imparcial observando tu enojo. Deja que la voz de la razón pregunte: "¿Es este enojo útil o necesario?" Visualiza cómo la razón toma el control. Repite: "Actúo desde la razón, no desde la emoción".

Meditación 8: La distancia del futuro

Observa la situación que te provoca desde el futuro, como si estuvieras dentro de un año. ¿Importa realmente lo que te enoja hoy? Pregúntate: "¿Vale la pena mi paz por esto?" Repite: "El tiempo reduce todo a su justa proporción".

Meditación 9: La fortaleza del silencio

Imagina que el silencio es tu mejor respuesta. Ante una provocación, respira profundamente y guarda silencio. Pregúntate: "¿Qué gano si no reacciono ahora?" Repite: "Elijo el silencio como muestra de fortaleza".

Meditación 10: El árbol paciente

Visualiza un árbol firme y en calma, resistiendo el viento sin moverse. Eres como ese árbol: paciente y fuerte. El viento (el enojo) pasa, pero tú permaneces. Pregúntate: "¿Puedo ser tan firme y sereno como el árbol?" Repite: "Mi paciencia me hace inquebrantable".

EJERCICIOS DE DESAPEGO: SUPERAR LA FRUSTRACIÓN AL SOLTAR LO INCONTROLABLE

En el corazón del estoicismo se encuentra una lección fundamental: nuestra paz interior no depende de los eventos externos, sino de nuestra relación con ellos. La frustración, el enojo y la ansiedad nacen de un error común: intentar controlar lo que no está en nuestras manos. Los estoicos comprendieron que el desapego no significa indiferencia insensible, sino la sabiduría de aceptar lo que no podemos cambiar y enfocar nuestras energías en lo que sí está bajo nuestro dominio.

Epicteto lo expresó con absoluta claridad: *"Algunas cosas están bajo nuestro control y otras no lo están. La paz llega cuando aceptamos la diferencia entre ambas"*. En esta distinción radica la libertad del alma y el fin de la frustración. Practicar el desapego es un ejercicio diario, una elección consciente de soltar el peso de las expectativas y liberarnos de la esclavitud emocional que surge cuando nos apegamos a lo incontrolable.

El desapego no implica renunciar a nuestras metas o ambiciones; significa actuar con diligencia y virtud mientras aceptamos que el resultado final no depende de nosotros. Nos libera de la tensión que surge al querer manipular lo impredecible y nos devuelve el control de nuestra serenidad. Este capítulo profundiza en los ejercicios y reflexiones estoicas más efectivos para soltar lo incontrolable, fortalecer nuestro carácter y cultivar una verdadera indiferencia hacia los resultados externos.

La naturaleza del apego: Raíz de la frustración

La frustración nace de una simple verdad: deseamos que la realidad se ajuste a nuestras expectativas. Queremos que las cosas salgan de cierta manera, que las personas actúen como creemos correcto, y que el universo se alinee con nuestros deseos. Pero la realidad, indomable y ajena a nuestras exigencias, sigue su propio curso. El choque entre nuestras expectativas y lo que realmente ocurre genera enojo, tristeza y desilusión.

Epicteto explica que el problema está en querer controlar lo incontrolable. Lo que verdaderamente está bajo nuestro dominio se reduce a nuestras acciones, pensamientos, voluntad y reacciones. El resto—los resultados, las opiniones de los demás, el clima, la conducta ajena—está fuera de nuestro control. El desapego, entonces, consiste en enfocar nuestra energía en lo interno y aceptar lo externo con calma y resignación sabia.

Cuando nos liberamos del apego a resultados, encontramos paz. Si trabajamos con diligencia y el éxito llega, lo recibimos con gratitud. Si el fracaso aparece, lo aceptamos con serenidad, sabiendo que hemos hecho lo mejor posible. El desapego no es pasividad, sino fortaleza: es soltar las cadenas del éxito y el fracaso para enfocarnos en el esfuerzo virtuoso.

1. El ejercicio del control: Separar lo interno de lo externo

El primer paso hacia el desapego es aprender a distinguir entre lo que está bajo nuestro control y lo que no lo está. Este principio, reiterado por Epicteto en su *Enquiridion*, nos da la claridad necesaria para enfocar nuestras energías en lo que realmente importa.

- **Ejercicio práctico:** Ante cualquier situación que te genere frustración o ansiedad, haz una pausa y pregúntate: *"¿Depende esto de mí?"*. Si la respuesta es afirmativa, actúa con virtud y determinación. Si la respuesta es negativa, acepta la situación con tranquilidad y recuerda que no vale la pena perder tu paz por algo que no puedes controlar.

Ejemplo: Si trabajaste arduamente para conseguir un ascenso y no lo obtuviste, reflexiona: *"He hecho lo que estaba en mis manos. El resultado no depende de mí"*. Este cambio de perspectiva fortalece tu serenidad y evita que te consumas en la frustración.

2. La indiferencia activa: Hacer lo mejor y soltar el resultado

La *apatheia* estoica no es desinterés ni falta de pasión, sino la habilidad de actuar con excelencia sin obsesionarse con el resultado. Marco Aurelio lo expresa con claridad: *"No puedes controlar el resultado, solo tu intención y esfuerzo. Lo que siga está fuera de ti"*.

- **Ejercicio práctico:** Dedica tu máximo esfuerzo a tus tareas y proyectos, pero al final del día, suelta cualquier apego al éxito o al fracaso. Pregúntate: *"¿Hice todo lo que estaba en mis manos?"*. Si la respuesta es afirmativa, descansa con la tranquilidad de haber cumplido tu deber. Los resultados carecen de importancia frente a tu compromiso.

Esta práctica te permite trabajar con enfoque y dedicación sin quedar atrapado en las expectativas.

3. Visualización del desapego: La liberación de expectativas

La visualización es una herramienta poderosa para entrenar nuestra mente en el desapego. Al imaginar conscientemente escenarios desafiantes, fortalecemos nuestra capacidad para aceptar lo inevitable.

- **Ejercicio práctico:** Visualiza una situación importante donde esperas un resultado específico: una presentación, una entrevista, una competencia. Ahora imagina que el resultado no es el esperado. Observa cómo te sientes y, en lugar de resistirte, acepta esa realidad. Repítete: *"He hecho mi parte. Lo demás no depende de mí"*. Esta práctica te preparará mentalmente para enfrentar cualquier escenario con serenidad.

4. El desapego hacia las opiniones ajenas

Uno de los mayores apegos humanos es la necesidad de aprobación externa. Queremos ser aceptados, admirados y comprendidos. Pero las opiniones ajenas están fuera de nuestro control, y depender de ellas solo nos encadena al sufrimiento.

- **Ejercicio práctico:** Cuando te preocupe lo que otros piensen de ti, recuérdalo: *"Lo que piensan los demás no depende de mí"*. Pregúntate: *"¿He actuado con virtud y honestidad?"*. Si la respuesta es afirmativa, suelta las preocupaciones. Visualiza las opiniones ajenas como hojas que flotan en un río: pasan y se disipan, sin afectar tu interior.

5. La libertad de soltar: Reflexión diaria

El desapego requiere práctica constante y reflexión. Al final de cada día, dedica unos minutos a revisar las situaciones que te generaron frustración o ansiedad.

- **Ejercicio práctico:** Escribe en un diario lo que estuvo fuera de tu control y cómo reaccionaste ante ello. Pregúntate: *"¿Podría haber soltado esta situación con más calma?"*. Agradece lo que sí estuvo en tus manos y comprométete a practicar el desapego nuevamente al día siguiente.

Reflexión final del capítulo

El desapego no es un acto de resignación, sino un acto de libertad. Al soltar lo incontrolable, dejamos de ser esclavos de los resultados externos y recuperamos nuestro poder interior. La verdadera fortaleza consiste en actuar con virtud y serenidad, independientemente de las circunstancias.

Como enseñó Epicteto: *"La felicidad y la libertad comienzan cuando aceptamos que algunas cosas están bajo nuestro control y otras no lo están"*. Practicar la indiferencia hacia lo incontrolable nos devuelve la paz, la calma y el dominio de nosotros mismos.

Elige soltar. Elige actuar con virtud. Elige la libertad de una mente serena y desapegada.

Meditaciones

Meditación 1: Separar lo controlable de lo incontrolable

Siéntate en silencio y respira profundamente. Visualiza un círculo en tu mente. Dentro del círculo está lo que puedes controlar: tus pensamientos, tus acciones. Fuera del círculo, lo incontrolable: las opiniones ajenas, el resultado de tus esfuerzos. Pregúntate: "¿Depende de mí?" Repite: "Me concentro en lo que sí controlo y suelto el resto".

Meditación 2: Soltar las expectativas

Visualiza una cuerda atada a una roca que representa tus expectativas. Siente el peso y la tensión en tu cuerpo. Ahora, suelta la cuerda y observa cómo te liberas de ese peso. Pregúntate: "¿Puedo soltar lo que no controlo?" Repite: "Libero mis expectativas y encuentro paz".

Meditación 3: La indiferencia hacia los resultados

Visualiza un proyecto en el que has puesto todo tu esfuerzo. Ahora imagina dos caminos: éxito y fracaso. Observa que ambos son ajenos a ti, pero tu esfuerzo sigue intacto. Pregúntate: "¿He hecho lo mejor que puedo?" Repite: "Mi valor está en mi esfuerzo, no en el resultado".

Meditación 4: Las opiniones como hojas en el viento

Imagina que las opiniones de otros son hojas que flotan en el aire. Algunas pasan cerca, otras se alejan. Ninguna te toca realmente. Pregúntate: "¿Depende de mí lo que otros piensen?" Repite: "Soy libre de las opiniones ajenas".

Meditación 5: La aceptación serena

Visualiza un río que fluye sin resistencia. Cada problema, cada obstáculo, es una piedra en el agua. El río no se detiene; fluye alrededor. Pregúntate: "¿Puedo aceptar esto y seguir adelante?" Repite: "Acepto lo que no controlo y sigo mi camino".

Meditación 6: La liberación del apego
Imagina un objeto al que te aferras con fuerza: una meta, una relación, un resultado. Visualiza soltarlo suavemente, permitiendo que se aleje. Pregúntate: "¿Es esto realmente necesario para mi paz?" Repite: "Suelto el apego y recupero mi libertad".

Meditación 7: La tranquilidad ante el fracaso
Recuerda una situación en la que no obtuviste lo que querías. Visualiza cómo actuaste con diligencia y aceptaste el resultado. Pregúntate: "¿Hice mi parte con virtud?" Repite: "El fracaso no me define; mi esfuerzo sí".

Meditación 8: La calma ante las personas
Visualiza a alguien que te provoca frustración. Ahora, imagina que sus palabras o acciones son solo ruido lejano. Pregúntate: "¿Depende de mí su comportamiento?" Repite: "Dejo ir lo que no controlo y encuentro calma".

Meditación 9: La libertad en la aceptación
Visualiza un evento que no puedes cambiar: el clima, un retraso, una palabra dicha. Siente cómo tu resistencia desaparece al aceptarlo plenamente. Pregúntate: "¿Puedo dejar de resistirme a lo inevitable?" Repite: "En la aceptación, encuentro mi libertad".

Meditación 10: El diario del desapego
Imagina escribir en un diario las cosas que hoy te frustraron. Al

final de cada frase, pregúntate: "¿Esto estaba bajo mi control?" Si no, escribe: "Lo suelto". Visualiza el peso levantándose de tus hombros. Repite: "Cada día suelto más y soy más libre".

TRANSFORMAR EL ENOJO EN ACCIÓN VIRTUOSA

El enojo, cuando no se controla, es una fuerza destructiva. Puede nublar el juicio, provocar decisiones impulsivas y dañar nuestras relaciones, nuestra reputación y nuestro bienestar personal. Pero, al mismo tiempo, el enojo también es una fuente acción energía poderosa. Los estoicos comprendieron que el enojo, como toda energía, es neutro en su esencia: puede ser destructivo si se desborda sin control, o puede ser redirigido hacia un fin útil, justo y virtuoso si se gestiona con sabiduría.

Marco Aurelio escribió en sus *Meditaciones*: *"No puedes elegir lo que sucede, pero puedes elegir cómo usarlo"*. De este principio surge una invitación estoica fundamental: no niegues el enojo, no lo reprimas y tampoco lo liberes sin reflexión. Obsérvalo, compréndelo y transfórmalo. El enojo, entonces, no debe ser el fin de nuestro juicio, sino el inicio de una acción guiada por la virtud. Si logramos canalizar su fuerza, convertimos una emoción que podría ser perjudicial en un motor que impulsa el bien, la justicia y el crecimiento personal.

En este capítulo, exploraremos cómo los estoicos nos invitan a ver el enojo no como un enemigo, sino como un maestro que nos desafía a redirigir su potencia hacia fines nobles. Aprenderemos cómo convertir la reacción emocional en acción consciente y constructiva.

El enojo como energía: Reconocer su naturaleza

El enojo es una respuesta natural, automática y a menudo inevitable ante la percepción de injusticia, frustración o amenaza. Aparece como un impulso biológico que prepara al cuerpo para la acción: el corazón late más rápido, los músculos se tensan y la mente entra en un estado de alerta. En su forma más básica, el enojo es como el vapor en una olla a presión: si se libera sin control, puede causar explosiones destructivas; si se reprime, acumula resentimiento y daños internos.

Los estoicos, sin embargo, nos enseñan a ver el enojo no como una fuerza maligna, sino como una herramienta que podemos moldear. El problema no es el enojo en sí mismo, sino la falta de dominio sobre su energía. *"El enojo es como el fuego"*, dice Séneca: *"Puede calentarnos si lo usamos sabiamente o consumirnos si lo dejamos libre"*. La clave es la moderación y la intención.

La energía del enojo, cuando se observa y comprende, se convierte en una fuerza poderosa que nos invita a la acción. Lo que necesitamos es direccionarla correctamente, redirigiendo su potencia hacia una respuesta virtuosa.

1. Observar y reflexionar: Tomar conciencia del enojo

Antes de redirigir el enojo, debemos primero identificarlo y comprenderlo. La mayoría de las veces, actuamos en un estado de reacción automática, sin detenernos a analizar la verdadera causa de nuestra emoción. La simple conciencia del enojo nos permite poner distancia entre el impulso y la acción.

- **Ejercicio práctico:** Cuando sientas enojo, haz una pausa. Respira profundamente y realiza una breve introspección. Pregúntate:
    - *"¿Qué es lo que me ha provocado este enojo?"*
    - *"¿Es esta situación realmente tan grave como me parece ahora?"*
    - *"¿Vale la pena que este incidente robe mi paz interior?"*

Escribe tus pensamientos si puedes. La escritura te ayudará a organizar y liberar tu emoción. Reconocer tu enojo, nombrarlo y reflexionar sobre él te otorga el poder de dominarlo.

2. Redirigir la energía: De la reacción a la acción consciente

Una vez que hemos tomado conciencia del enojo, el siguiente paso es redirigir su energía. El enojo, cuando se deja libre, es una fuerza destructiva, pero cuando se canaliza hacia la acción correcta, se convierte en una herramienta de cambio y mejora.

Marco Aurelio ofrece un consejo práctico: *"Si sientes que te perturbas, utiliza esa perturbación como un recordatorio para actuar con virtud. Conviértela en una oportunidad para practicar la paciencia, la justicia o la fortaleza".*

- **Ejercicio práctico:**
  - Si alguien te ofende, respira profundamente y decide responder con paciencia y respeto. Pregúntate: *"¿Qué acción reflejaría mi mejor versión?".*
  - Si una situación injusta te frustra, transforma esa frustración en motivación para proponer soluciones y actuar de manera justa.
  - Si sientes enojo hacia ti mismo por un error cometido, canaliza esa energía hacia el aprendizaje y la mejora personal. El enojo puede ser un maestro poderoso si lo usamos como combustible para el crecimiento.

Por ejemplo, si una discusión te genera frustración, podrías canalizar tu energía hacia mejorar tus habilidades de comunicación o encontrar soluciones constructivas.

3. Ver el enojo como un maestro: El obstáculo es el camino

En la filosofía estoica, los obstáculos no son barreras, sino oportunidades para crecer. El enojo, cuando se maneja sabiamente, puede revelarnos áreas en las que necesitamos trabajar: nuestra paciencia, nuestra templanza, nuestro compromiso con la justicia.

- **Ejercicio práctico:** La próxima vez que sientas enojo, reflexiona:
  - *"¿Qué virtud puedo practicar en este momento?"*
  - *"¿Qué enseñanza me está dejando esta experiencia?"*

Por ejemplo, si alguien actúa injustamente contigo, puedes ver la situación como una oportunidad para practicar la paciencia y reafirmar tu compromiso con la justicia.

4. Dirigir el enojo hacia un propósito mayor

El enojo también puede ser un catalizador para el cambio social y personal. Muchos grandes movimientos han nacido del enojo ante una injusticia, pero lo que los hizo valiosos fue la manera en que esta emoción se canalizó hacia una acción constructiva.

- **Ejercicio práctico:** Si una situación injusta te provoca enojo, pregúntate:
    - *"¿Cómo puedo usar esta energía para mejorar la situación?"*
    - *"¿Cuál es el paso justo y virtuoso que puedo dar?"*

Reflexión final del capítulo

El enojo no es un enemigo si aprendemos a manejarlo. Los estoicos nos enseñan que no debemos temer nuestras emociones, sino dominarlas y redirigirlas hacia el bien. Cada momento de enojo es una oportunidad para actuar con virtud, crecer como personas y contribuir al mundo de manera positiva.

Como dijo Séneca: *"No es el enojo lo que te destruye, sino tu incapacidad de usarlo sabiamente"*. La próxima vez que el enojo surja, transfórmalo en una acción noble, útil y justa.

Elige transformar. Elige actuar con virtud. Elige convertir el enojo en una fuerza para el bien.

Meditaciones

Meditación 1: Observar el enojo sin reaccionar

Siéntate en calma y respira profundamente. Imagina el enojo como una llama que aparece dentro de ti. Obsérvala sin juzgar, sin alimentarla. Pregúntate: "¿Qué ha causado esta llama? ¿Es tan grave como parece?" Repite: "Observo mi enojo y elijo no reaccionar impulsivamente".

Meditación 2: Convertir la reacción en acción

Visualiza el enojo como una energía en tu cuerpo. Ahora, respira y dirígela hacia una acción constructiva: resolver un problema, mejorar una habilidad o actuar con justicia. Pregúntate: "¿Qué puedo hacer con esta energía que refleje mi mejor versión?" Repite: "Transformo mi enojo en acción virtuosa".

Meditación 3: El obstáculo como maestro

Imagina la situación que te genera enojo como un obstáculo en tu camino. Ahora visualiza cómo ese obstáculo te desafía a crecer: a practicar paciencia, justicia o fortaleza. Pregúntate: "¿Qué virtud puedo desarrollar en este momento?" Repite: "El obstáculo es el camino hacia mi crecimiento".

Meditación 4: La pausa de la sabiduría

Respira profundamente y visualiza una pausa entre tu enojo y tu acción. En esa pausa, imagina tu respuesta más sabia y virtuosa. Pregúntate: "¿Cómo actuaría mi versión más noble?" Repite: "Elijo actuar con razón y virtud, no con impulso".

Meditación 5: La llama del crecimiento

Visualiza el enojo como una llama en tu interior. Respira profundamente y siente cómo esta llama, en lugar de quemarte, te da calor y energía para actuar con propósito. Pregúntate: "¿Cómo puedo usar esta energía para crear algo bueno?" Repite: "Transformo el fuego del enojo en luz para mi camino".

Meditación 6: El enojo como maestro

Cierra los ojos y reflexiona sobre un momento reciente en que te enojaste. Pregúntate: "¿Qué me enseña esta situación sobre mí mismo?" Observa qué virtudes puedes desarrollar: paciencia, templanza o empatía. Repite: "El enojo me muestra en qué debo crecer".

Meditación 7: Actuar con justicia

Piensa en una situación injusta que te provocó enojo. Visualiza redirigir esa energía hacia una acción justa y constructiva: hablar con calma, proponer una solución o ayudar a alguien más. Pregúntate: "¿Cuál es la acción justa que puedo tomar ahora?" Repite: "Dirijo mi energía hacia el bien".

Meditación 8: La fuerza en la calma

Imagina una tormenta furiosa y tú como una roca inquebrantable. El enojo golpea, pero no te mueve. Sé firme y sereno. Pregúntate: "¿Qué ganó al permanecer calmado y actuar con sabiduría?" Repite: "En mi calma, encuentro mi verdadera fuerza".

Meditación 9: Energía hacia el crecimiento personal

Visualiza el enojo como una corriente de energía fluyendo en tu cuerpo. Ahora, dirígela hacia una meta personal: aprender, mejorar o contribuir al bien común. Pregúntate: "¿Cómo puedo transformar esto en algo positivo?" Repite: "Uso mi energía para crecer y mejorar".

Meditación 10: El enojo como combustible para el bien

Visualiza un fuego que impulsa una locomotora. Ese fuego es tu enojo, y tú decides hacia dónde dirigir esa fuerza. Pregúntate: "¿Cómo puedo usar esta fuerza para beneficiar a los demás y a mí mismo?" Repite: "Transformo mi enojo en acción virtuosa y positiva".

HISTORIAS DE SABIDURÍA ESTOICA: EJEMPLOS DE PERSONAJES QUE DOMINARON SU ENOJO

Las enseñanzas estoicas no se limitan a teorías abstractas ni a consejos vacíos. Han sido puestas en práctica por hombres y mujeres reales que, a lo largo de la historia, enfrentaron las mismas emociones y luchas que nosotros. Entre estas emociones, el enojo es una de las más desafiantes, pues puede dominar la mente, nublar el juicio y conducir a acciones impulsivas si no se controla.

Los estoicos, sin embargo, no nos pidieron ignorar o reprimir el enojo, sino transformarlo en una fuente de sabiduría y virtud. Para ellos, el dominio de la ira es una muestra de verdadera fortaleza, un acto de autocontrol que nos eleva por encima de nuestras reacciones instintivas. En sus historias encontramos lecciones que continúan inspirándonos: ejemplos de emperadores, esclavos, consejeros y maestros que, a pesar de vivir en circunstancias extremas, eligieron actuar con templanza y justicia.

En este capítulo, compartiremos relatos inspiradores de personajes estoicos como Marco Aurelio, Séneca, Epicteto y Catón, quienes transformaron momentos de ira potencial en ejemplos memorables de calma, virtud y sabiduría.

Marco Aurelio: La paciencia de un emperador

Marco Aurelio, el emperador-filósofo, enfrentó uno de los reinados más desafiantes en la historia de Roma: guerras incesantes en las fronteras, plagas que devastaron a la población y traiciones dentro de su propio círculo. A pesar de gobernar con poder absoluto, Marco Aurelio se negó a dejar que el enojo controlara sus decisiones, manteniendo siempre una mente serena y orientada hacia la justicia.

Un ejemplo notable es su relación con Avidio Casio, uno de sus generales más importantes, quien traicionó su confianza al proclamarse emperador en un acto de rebelión. Cualquier otro líder habría respondido con furia, buscando venganza inmediata. Pero Marco Aurelio eligió la paciencia y la compasión. Lejos de ordenar una masacre o ejecutar represalias, Marco buscó resolver la situación sin derramamiento innecesario de sangre, instando a sus tropas a capturar a Casio con moderación.

En sus *Meditaciones*, Marco escribe: *"El mejor modo de vengarte de quien te ha hecho daño es no parecerte a él"*. Para él, la grandeza no residía en destruir a sus enemigos, sino en conservar la calma y actuar con virtud incluso ante la traición.

- **Lección estoica:** El poder verdadero se manifiesta en el autocontrol. Gobernar las emociones, especialmente en posiciones de autoridad, es el reflejo de una mente elevada.

Séneca: La templanza ante la injusticia

Séneca, filósofo, dramaturgo y consejero del emperador Nerón, tuvo una vida marcada por la tensión y la adversidad. A pesar de sus aportaciones a la sabiduría, fue objeto de envidias, acusaciones falsas y persecución injusta. En lugar de sucumbir al enojo, Séneca usó estas pruebas como oportunidades para practicar la paciencia y la templanza.

En una ocasión, uno de sus esclavos rompió un objeto valioso. Ante el temor del castigo, el esclavo esperaba la furia de su amo. Sin embargo, Séneca lo sorprendió diciendo: *"Yo también he cometido errores innumerables veces. ¿Por qué debería juzgarte con dureza?"*. Con esta respuesta, Séneca recordó a los presentes que todos somos falibles y que el enojo solo refleja nuestra incapacidad para comprender nuestra propia humanidad.

Además, en su obra *Sobre la ira*, Séneca escribe: *"Pregúntate si lo que te enoja hoy importará dentro de un año. La mayoría de las veces, la respuesta es no"*. Al recordar la impermanencia de las emociones y los problemas, Séneca nos invita a actuar con perspectiva y moderación.

- **Lección estoica:** La injusticia no es excusa para perder el control. Practicar la templanza y la empatía nos eleva y nos permite actuar con dignidad.

Epicteto: La libertad del esclavo sabio

Epicteto, nacido esclavo en un mundo de brutalidad y desigualdad, enfrentó sufrimientos físicos y humillaciones que habrían provocado enojo en cualquier otro hombre. Su amo, cruel y abusivo, llegó a torcer su pierna hasta dejarla permanentemente lisiada. En lugar de gritar o maldecir, Epicteto observó la situación con calma y dijo: *"Si continúbas, romperás mi pierna"*. Cuando el acto cruel finalmente ocurrió, su única respuesta fue: *"Te lo advertí"*.

Este ejemplo no refleja pasividad, sino un dominio absoluto de sí mismo. Epicteto enseñó que, aunque no podemos controlar las acciones de los demás, siempre somos dueños de nuestras reacciones. La verdadera libertad, según él, no depende de las circunstancias externas, sino de la capacidad de mantener nuestra calma y virtud en cualquier situación.

- **Lección estoica:** Nadie puede quitarte tu libertad interior si eliges no ceder ante el enojo.

Catón el Joven: La firmeza frente al despotismo

Catón el Joven, un símbolo de integridad y oposición al despotismo, resistió con firmeza el ascenso de Julio César y la corrupción de su tiempo. Aunque tuvo muchas razones para ceder al enojo y a la desesperación, Catón eligió responder con dignidad y acción moral.

Cuando fue derrotado y enfrentó la pérdida de la república romana, no recurrió al odio ni a la venganza. En sus últimos momentos, Catón leyó obras de Platón y reflexionó en calma, demostrando que la verdadera resistencia no consiste en la violencia, sino en la firmeza de los principios.

- **Lección estoica:** Frente a la injusticia y el despotismo, la dignidad y el ejemplo personal son las respuestas más poderosas.

Reflexión final del capítulo

Estas historias nos muestran que el enojo, aunque natural, puede ser dominado y redirigido hacia el bien. Marco Aurelio, Séneca, Epicteto y Catón nos enseñan que la verdadera fortaleza no consiste en reaccionar impulsivamente, sino en actuar con virtud y templanza.

Como dijo Epicteto: *"Nadie puede enfurecerte a menos que tú se lo permitas"*. La próxima vez que el enojo intente gobernarte, recuerda a estos grandes ejemplos y elige el camino de la sabiduría.

Elige la calma. Elige el dominio. Elige el ejemplo estoico.

Meditaciones

Meditación 1: La paciencia de un emperador

Visualiza a Marco Aurelio sentado en su trono, sereno en medio del caos. Imagina una traición o provocación reciente en tu vida. Pregúntate: "¿Cómo actuaría Marco Aurelio en esta situación?" Visualiza tu respuesta guiada por la calma y la virtud. Repite: "El poder verdadero reside en mi autocontrol".

Meditación 2: La templanza de Séneca

Imagina una situación en la que alguien te ha tratado injustamente. Visualiza la reacción calmada de Séneca ante las adversidades. Pregúntate: "¿Importará esto dentro de un año?" Respira profundamente y siente cómo la perspectiva te devuelve la calma. Repite: "Practico la templanza y elijo la dignidad".

Meditación 3: La libertad de Epicteto

Visualiza a Epicteto enfrentando a su amo con calma inquebrantable, incluso ante el sufrimiento. Recuerda una situación en la que te sentiste controlado por el enojo. Pregúntate: "¿Quiero entregarle mi libertad a esta emoción?" Repite: "Nadie puede perturbar mi paz sin mi permiso".

Meditación 4: La firmeza de Catón

Visualiza a Catón, fuerte y digno frente a la corrupción y el despotismo. Piensa en un momento en el que te enfrentaste a la injusticia. Pregúntate: "¿Cómo puedo actuar con firmeza sin perder mi virtud?" Repite: "Mi dignidad y mis principios son inquebrantables".

Meditación 5: El enojo como maestro

Reflexiona sobre un momento reciente en el que sentiste enojo. Visualiza el enojo como un maestro que te desafía a crecer. Pregúntate: "¿Qué enseñanza puedo extraer de esto?" Repite: "Transformo mi enojo en una lección de sabiduría".

Meditación 6: La calma en la tormenta

Visualiza una tormenta alrededor de ti, como la que enfrentaba Marco Aurelio. En el centro, tú estás calmado y firme. Pregúntate: "¿Qué gano al mantener mi calma en esta situación?" Repite: "En mi calma, encuentro mi fortaleza verdadera".

Meditación 7: El poder de la compasión

Recuerda la historia de Séneca perdonando a su esclavo. Imagina a alguien que te ha provocado enojo. Pregúntate: "¿Cómo puedo responder con compasión y humanidad?" Visualiza tu respuesta calmada y justa. Repite: "Elijo la compasión sobre el enojo".

Meditación 8: El autocontrol como libertad

Visualiza a Epicteto, libre en su mente a pesar de ser un esclavo. Recuerda una ocasión en la que una provocación te llevó a reaccionar impulsivamente. Pregúntate: "¿Es esta situación más fuerte que mi autocontrol?" Repite: "El autocontrol me hace verdaderamente libre".

Meditación 9: La nobleza de actuar con virtud

Visualiza a Catón, que elige la firmeza y el honor incluso en la derrota. Piensa en una situación en la que podrías responder impulsivamente. Pregúntate: "¿Cómo puedo actuar con nobleza y justicia ahora?" Repite: "Elijo la virtud en lugar de la reacción".

Meditación 10: No parecerte a quien te ofende

Recuerda las palabras de Marco Aurelio: "No te parezcas a quien te ha hecho daño". Visualiza a una persona que te ha ofendido y tu respuesta calmada y virtuosa. Pregúntate: "¿Quiero ser como esa persona o como mi mejor versión?" Repite: "Elijo actuar con dignidad, no con ira".

LA SERENIDAD COMO META: LA RECOMPENSA DE DOMINAR EL ENOJO Y LA FRUSTRACIÓN

El estoicismo no nos promete la eliminación total de las emociones, sino el dominio consciente sobre ellas. El enojo, la frustración y la irritación son respuestas naturales a los desafíos y contratiempos de la vida, pero también son pruebas de nuestra fortaleza interior y nuestro compromiso con la virtud. Al final del camino estoico, más allá del esfuerzo constante y la práctica diaria, nos espera una recompensa inmensurable: la serenidad.

La serenidad, en el contexto del estoicismo, es mucho más que la simple calma superficial. Es un estado de paz interior inquebrantable, un refugio donde la mente permanece firme e imperturbable frente a las tormentas de la vida. Es libertad emocional, claridad mental y equilibrio entre lo interno y lo externo. No es una resignación pasiva ni una indiferencia apática, sino una aceptación sabia de lo que no podemos controlar y un compromiso activo con lo que sí está en nuestras manos.

Marco Aurelio, Séneca y Epicteto nos enseñan que esta serenidad no es un privilegio reservado para unos pocos afortunados, sino un logro accesible a cualquiera que decida emprender el viaje del autocontrol, la reflexión y la práctica constante de la virtud. La serenidad es el último premio de quienes han aprendido a dominar el enojo y la frustración: un estado donde reina la claridad mental, la libertad emocional y la armonía interna.

La naturaleza de la serenidad: Un estado de libertad interna

La verdadera serenidad no depende de que el mundo exterior sea perfecto o libre de problemas. Los estoicos comprendieron que el universo es caótico e impredecible, que siempre habrá injusticias, provocaciones y obstáculos. Pero también comprendieron que la mayor parte del sufrimiento humano proviene de nuestra resistencia a aceptar la realidad tal como es. Nuestra mente, con sus opiniones y juicios, tiene el poder de magnificar los problemas o devolvernos a la calma.

Epicteto afirmó: *"No son las cosas las que nos perturban, sino nuestras opiniones sobre ellas"*. La serenidad, por tanto, se logra cuando aprendemos a observar nuestras reacciones, cuestionar nuestras interpretaciones y aceptar lo inevitable con ecuanimidad.

Imagina una tormenta que golpea con furia. Las olas rugen, el viento aúlla y todo parece tambalearse. Pero, en el fondo del mar, todo permanece inmutable y en silencio. Así es la mente del sabio estoico: aunque en la superficie de la vida haya caos, en las profundidades de su alma reina una calma inquebrantable.

- **Reflexión práctica:** Cuando te sientas perturbado, pregúntate: *"¿Es esta situación realmente tan grave o es mi interpretación la que la hace insoportable?"*. Cuestiona tus pensamientos y busca la perspectiva de una mente serena.

1. El premio de la paciencia: La calma como respuesta

La paciencia es una de las virtudes más subestimadas, pero también una de las más poderosas. La serenidad es la recompensa natural de quienes eligen responder a la vida con paciencia en lugar de reacción impulsiva. Cuando dominamos el impulso inicial del enojo, nos damos el tiempo necesario para actuar con razón y virtud.

La paciencia nos enseña a resistir el impulso de reaccionar y, en su lugar, a esperar el momento adecuado para actuar con sabiduría. Como escribe Marco Aurelio: *"La paciencia y la calma son armas invencibles contra el caos y la provocación"*.

- **Ejercicio práctico:** Cuando enfrentes una situación frustrante, visualiza la serenidad como un refugio interno. Respira profundamente y repite mentalmente: *"No cederé mi calma a algo que no puedo controlar"*. Deja que la paciencia se convierta en tu escudo contra el enojo.

2. La claridad mental: El fruto del autocontrol

El enojo y la frustración son como una niebla que nubla nuestra percepción. Bajo su influencia, perdemos la capacidad de pensar con claridad y actuamos de manera irracional. La serenidad, por otro lado, disipa esta niebla y nos permite ver las cosas con perspectiva.

Cuando logramos mantener la calma en momentos difíciles, nuestra mente recupera su claridad natural y podemos tomar decisiones más sabias. Marco Aurelio lo expresa así: *"Mantén la calma y la claridad en tu mente. Desde esa claridad, elige tus acciones"*.

- **Ejercicio práctico:** Frente a un problema, respira y pregúntate: *"¿Qué está realmente bajo mi control en esta situación? ¿Cuál es la acción más sabia que puedo tomar ahora?"*. Dirige tu atención hacia las soluciones en lugar de enfocarte en el problema.

3. La libertad emocional: Dejar ir lo que no depende de ti

Uno de los mayores logros del estoicismo es la liberación de las cadenas emocionales que nos atan a lo incontrolable. La frustración nace cuando deseamos que la realidad sea diferente a lo que es, pero esta resistencia solo aumenta nuestro sufrimiento. La verdadera libertad emocional surge cuando soltamos el apego a los resultados externos y aceptamos lo que no podemos cambiar.

Epicteto enseñó: *"No gastes energía en lo que está fuera de tu control. Dirige tu voluntad hacia lo que depende de ti"*. Esta es la esencia de la libertad emocional: un estado donde las circunstancias pierden su poder sobre nosotros.

- **Ejercicio práctico:** Cada noche, reflexiona: *"¿Hubo algo hoy que no estaba bajo mi control y me perturbó?"*. Visualiza soltar esa situación como si dejaras caer una piedra pesada. Libérate de ese peso mental.

4. La armonía interna: La virtud como guía

La serenidad no es un objetivo pasivo, sino el resultado natural de una vida guiada por la virtud. La justicia, la templanza, la fortaleza y la sabiduría se convierten en nuestras guías. Al vivir en armonía con estos principios, encontramos paz en saber que hemos actuado con rectitud, sin importar los resultados.

Séneca nos recuerda: *"Nadie puede vivir feliz si no vive en armonía consigo mismo"*. La virtud nos protege del caos interno y nos alinea con la tranquilidad de la naturaleza.

- **Ejercicio práctico:** Al final del día, pregúntate: *"¿Actué con justicia, templanza y sabiduría hoy? ¿Mantuve mi calma incluso en los momentos difíciles?"*. Reflexiona y comprométete a mejorar cada día.

Reflexión final del capítulo

La serenidad es la recompensa de quienes eligen el camino del autocontrol y la virtud. Es un estado de paz interior que nos permite enfrentar la vida con valentía y libertad. No significa que no enfrentaremos dificultades, sino que tendremos la fuerza para responder a ellas con calma y sabiduría.

Como dijo Marco Aurelio: *"Ninguna tormenta puede perturbar mi mente si yo no lo permito. Soy dueño de mis pensamientos, soy dueño de mi calma"*.

Elige la serenidad. Elige la libertad emocional. Elige la sabiduría del camino estoico.

Meditaciones

Meditación 1: La paciencia como refugio

Imagina una situación reciente que te haya provocado frustración o enojo. Visualiza una tormenta rugiendo a tu alrededor. Ahora, imagina un refugio tranquilo dentro de ti mismo, donde reina la calma. Pregúntate: "¿Puedo encontrar paz en mi paciencia?"

Repite: "La paciencia es mi escudo frente al caos".

Meditación 2: La claridad de la mente serena

Visualiza tu mente como un lago calmado, su superficie tan lisa que refleja el cielo. Imagina un problema que nuble tu serenidad, como una piedra lanzada al agua. Observa las ondas disiparse lentamente. Pregúntate: "¿Puedo ver la situación con claridad y calma?" Repite: "Mantengo mi mente serena y mis decisiones sabias".

Meditación 3: La libertad emocional

Visualiza una cadena atada a tu enojo y frustración. Con cada respiración profunda, imagina que rompes un eslabón, liberándote del peso emocional. Pregúntate: "¿Depende de mí esta situación?" Si no, deja ir esa cadena. Repite: "Soy libre porque elijo soltar lo incontrolable".

Meditación 4: La calma en medio del caos

Visualiza un mar agitado por una tormenta, con olas altas y vientos fuertes. Sé el fondo del mar, donde todo permanece en silencio. Pregúntate: "¿Puedo ser firme en mi calma, aunque todo a mi alrededor sea caótico?" Repite: "Nada externo puede perturbar mi serenidad interna".

Meditación 5: El desapego como liberación

Recuerda una situación en la que tus expectativas no se cumplieron. Imagina soltar esas expectativas como globos que se elevan en el cielo. Siente la libertad que viene con el desapego. Pregúntate: "¿Por qué cargar con lo que no puedo controlar?" Repite: "Dejo ir lo incontrolable y abrazo mi paz".

Meditación 6: La serenidad como elección

Visualiza un camino bifurcado: uno conduce a la reacción impulsiva y el otro a la calma. Imagina elegir conscientemente el camino de la serenidad. Pregúntate: "¿Qué reflejaría mi mejor versión?" Repite: "Elijo la serenidad como mi respuesta".

Meditación 7: La gratitud en la calma

Siéntate en silencio y reflexiona sobre todo lo que tienes en este momento. Visualiza cada cosa valiosa como un rayo de luz que ilumina tu ser. Pregúntate: "¿Por qué perder mi calma por algo menor cuando hay tanto por agradecer?" Repite: "La gratitud me ancla en la serenidad".

Meditación 8: El equilibrio de la virtud

Imagina tu vida como una balanza. En un lado están las emociones impulsivas y en el otro, la virtud y la templanza. Visualiza cómo equilibras la balanza eligiendo la calma. Pregúntate: "¿Cómo puedo actuar con justicia y sabiduría en este momento?" Repite: "La virtud equilibra mi mente y me devuelve la calma".

Meditación 9: La serenidad como fortaleza

Visualiza una roca inquebrantable golpeada por el viento y las olas. Eres esa roca, firme y serena. Pregúntate: "¿Es esta situación más fuerte que mi calma?" Siente cómo tu serenidad prevalece. Repite: "Mi fortaleza reside en mi serenidad".

Meditación 10: La paz como recompensa

Visualiza la serenidad como una luz dorada que envuelve todo tu cuerpo. Con cada respiración, esa luz crece, calmando tus pensamientos y emociones. Pregúntate: "¿Cómo se siente esta paz que he elegido conscientemente?" Repite: "Mi paz es mi recompensa; mi calma es mi mayor logro".